LA CONVERSION

DES

DETTES ESPAGNOLES

LA CONVERSION

DES

DETTES ESPAGNOLES

Origine des Dettes espagnoles

LE DÉFICIT — LA CONVERSION

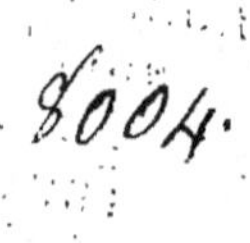

PARIS

IMPRIMERIE TYPOGRAPHIQUE KUGELMANN

12, rue de la Grange-Batelière, 12.

—

1881

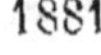

PRÉFACE

———

Notre but est de prouver que l'Espagne peut payer l'intégralité de sa dette.

Et puisqu'elle le peut, elle le doit.

Les créanciers étrangers ont, depuis un siècle, sans autre interruption que celle de ces dernières années, souscrit, presque à eux seuls, les emprunts espagnols. L'historique, dont nous avons dans ce rapide travail tracé les lignes principales, fournit la preuve incontestable de cette proposition.

D'autre part, il résulte de l'examen très impartial des vraies causes du déficit des budgets espagnols que les ressources financières de l'Espagne sont, toute proportion gardée, aussi fortes que celles des nations les plus prospères. L'on verra en outre que les causes du déficit tiennent à une inexpérience financière et administrative bien excusable, et qu'elles sont des plus faciles à faire disparaître. Lorsque, dans de pareilles conditions, un pays est parvenu à se faire un budget des recettes de huit cents millions de francs environ, que ne peut-on pas espérer de ses ressources?

Les termes dans lesquels se pose le problème de la conversion n'admettent, au point de vue des droits des créanciers de l'Espagne et du crédit de l'Etat de ce grand pays, qu'une seule solution : celle que nous indiquons.

Toute autre solution n'aurait pour résultat, en sacrifiant l'intérêt public sur l'autel des intérêts privés, que de donner à l'acte de réparation qu'il s'agit d'accomplir les proportions rétrécies d'un expédient qui satisferait tout au plus quelques convoitises financières.

LA CONVERSION

DES

DETTES ESPAGNOLES

ORIGINE DES DETTES ESPAGNOLES

La Dette espagnole prend son origine dans les émissions de papier-monnaie qui eurent lieu sous le règne de Charles III. La première de ces émissions date de l'ordonnance royale du 30 août 1780. Elle s'élevait à un capital de neuf millions de piastres.

Les émissions successives, en 1778 et 1782, sous le règne de Charles III, et en 1794, 1795, 1796 et 1799, sous le règne de Charles IV, portèrent le capital de ces diverses créations à la somme de 144,009,200 piastres.

Il fut émis en outre, par décret royal du 7 juillet 1785, 11,000 billets nouveaux pour une somme de six millions de piastres, destinés aux travaux du canal d'Aragon. Pour racheter les bijoux de la couronne qui avaient été aliénés, et faire face aux dépenses de la guerre de 1782 avec l'Angleterre, il fut émis des rentes perpétuelles et des rentes viagères. Le dernier de ces emprunts fut celui du 17 décembre 1782. Son effectif fut de 180 millions de réaux. Cent vingt millions furent versés en espèces, et les soixante autres restants en créances contre l'Etat, qui dataient du règne de Philippe V. Pour ceux qui optaient pour des rentes perpétuelles, l'intérêt fut de 3 0/0, et pour les rentes viagères, de 7. Cet emprunt fut gagé par l'impôt des tabacs d'Espagne et des Indes.

A la mort de Charles III, le capital de la Dette espagnole s'élevait à la somme de 510,115,711 francs. Le service de la dette était calculé à 13,601,629 francs.

Même avant le règne de Charles III, il y avait eu un grand nombre d'emprunts ; mais ce n'est que de cette époque que date la dette publique. Jusqu'alors, les emprunts contractés par les rois de la Maison d'Autriche, et même par les deux premiers Bourbons, Philippe V et Ferdinand VI, avaient été considérés comme affaire personnelle des monarques qui les avaient contractés, et comme n'engageant point la nation, ni même leurs successeurs.

Charles III introduisit dans le droit public espagnol un principe nouveau, par la déclaration contenue dans l'article VIII de l'ordonnance royale du 17 décembre 1782.

« Attendu, y est-il dit, que cet emprunt et ceux qui ont
« été faits jusqu'à ce jour ont eu pour but principal la
« défense de la nation ; et en ma qualité d'administrateur
« suprême de l'Etat, en mon nom et au nom de mes suc-
« cesseurs, j'engage tous les revenus, aussi bien les
« revenus actuels que les revenus futurs, sans que l'on
« puisse jamais, en aucun temps, prétendre que les rois
« sont toujours mineurs et que leurs engagements n'ont
« de durée que celle de leur règne. »

Sous Charles IV, les émissions de papier-monnaie se répètent à intervalles très rapprochés. Il y eut, en plus, plusieurs emprunts qu'il serait trop long d'énumérer et, dans le nombre, l'emprunt contracté par la grande trésorerie, dont l'effectif fut de cent millions de francs, chiffre très considérable pour l'époque.

C'est de ce règne que date le premier établissement de crédit qui ait été fondé en Espagne : la Caisse d'amortissement des bons. Il fut largement doté par l'Etat. Cet établissement avait pour but de retirer de la circulation le papier-monnaie par des émissions de rentes perpétuelles.

Sous le règne de Charles IV, la Dette extérieure subit des augmentations importantes. Cette dette avait pris naissance dans les emprunts contractés en Hollande en 1768, et dont le produit était destiné aux travaux de construction du canal d'Aragon. Elle eut à fournir, en 1803, les ressources exigées par le traité de neutralité, signé à la date du 19 octobre 1803, avec la République française. En vertu de ce traité, l'Espagne s'engageait à payer à la France, à titre de subvention, quatre millions de francs par mois, pendant tout le temps de la guerre. A cet effet, la Caisse de consolidation contracta plusieurs emprunts, dans des conditions très onéreuses, avec la maison Valemberghe et Ouvrard, de Paris, l'une des plus puissantes des premières années du siècle. La Caisse de consolidation ayant contracté une association en commandite avec MM. Valemberghe et Ouvrard, eut à répondre en outre des défalcations commises par ces messieurs au préjudice du Trésor français. On sait qu'elles s'élevèrent à une somme de 60 millions de francs. Le gouvernement espagnol s'obligea à payer cette somme par le traité du 10 mai 1806.

La Dette espagnole s'élevait, à la fin du règne de Charles IV, par l'effet des diverses causes qui viennent d'être énumérées, à la somme de :

Francs 1,823,566,706, avec un service annuel de :
Francs 50,448,735, comme il résulte du tableau suivant :

Dette publique à la fin du règne de Charles IV.

	CAPITAUX	RENTES
Pensions	1.260.521.565	17.152.733
Papier-monnaie	1.889.977.145	75.598.685
Emprunt sur les tabacs	200.823.400	6.024.701
Rentes viagères	73.832.618	5.362.674
Fonds viager	93.000.000	5.415.000
Emprunt de cent millions	51.224.003	2.561.200
Censiers	91.677.055	2.750.311
Emprunts de Hollande	366.750.000	19.084.000
Ventes de propriétés	1.653.376.402	50.131.056
Cautionnements	3.703.172	111.095
Temporel	30.537.605	916.128
Les cinq corps de métiers	43.272.730	2.163.137
Banque nationale	225.653.391	11.543.738
Trésorerie	1.019.927.739	»
Coupons échus	290.000.000	»
Total — Réaux	7.294.266.825	201.794.958

Les Cortès de 1811, à la date du 26 septembre de la
même année, reconnurent comme dette nationale toutes
les créances contre l'Etat qui justifieraient d'un titre légi-
time.

La Caisse de consolidation fut supprimée. Il fut créé un
comité du Crédit public. Il fut décidé que, pendant tout le
temps que durerait la guerre avec la France, il ne serait
payé que 1 1/2 0/0 à la dette portant intérêt, mais que l'on
reprendrait, à la fin de la guerre, le service intégral de la
dette et que l'on réglerait, à ce moment, les coupons
échus.

Ferdinand VII, à son retour en Espagne, et en vertu de
son décret daté de Valence, à la date du 4 mai 1814, dé-
clara nuls tous les décrets et toutes les lois des Cortès.

La dette, à cette époque, était de 2,891,784,353 francs.

En 1817, il fut procédé à un règlement des dettes, sous la forme de conversion, sur les bases suivantes :

La dette portant intérêt fut admise à la conversion moyennant la cession de la moitié du capital et des coupons échus ;

La dette, dite de mainmorte, fut assimilée, pour les effets de la conversoin, à la dette portant intérêt ;

Les Rentes viagères eurent à céder un tiers ;

Les passives, la moitié.

Pour diverses causes, qu'il serait trop long d'énumérer, cette conversion resta à l'état de projet.

A la date du 5 août 1818, et en vertu d'un décret de Ferdinand VII, il intervint un nouveau règlement des dettes qui avait principalement pour but de payer le tiers des coupons en une nouvelle dette ne portant pas intérêt.

Mais bientôt après, l'insurrection militaire de Riego réduisit Ferdinand VII au rôle de monarque constitutionnel.

C'est l'époque connue en France sous le nom d'Emprunts des Cortès.

Ces emprunts sont au nombre de quatre :

1° Celui de MM. Jacques Laffitte et C⁰, de Paris, émis le 6 novembre 1820, pour un effectif de 75 millions de francs ;

2° L'emprunt national de 86 millions de francs, émis en 1821 et refondu plus tard dans la conversion de MM. Ardoin Hubbard et C⁰, à la date du 21 novembre de la même année ;

3° Les deux emprunts émis à Londres, en 1823, par MM. Bernal neveu, Campbell et Lubbok, en 5 0/0 consolidé et qui se chiffrèrent par un effectif de 75 millions de francs environ.

Le tableau suivant contient l'exacte représentation de la Dette espagnole en 1823 :

Dette publique en 1823.

Dette intérieure	CAPITAUX ET INTÉRÊTS	RENTE ANNUELLE	DETTE ET INTÉRÊTS
Dette reconnue et liquidée en 1823 à divers intérêts	4.511.712.140	166.613.673	2.472.034.400
Duplicata des bons......	56.000.000	2.240.000	»
Service extraordinaire de Cadix...............	»	»	30.000.000
Emprunt de Cadix 1797-1805................	47.838.242	1.315.957	51.494.111
Substitutions militaires..	»	»	90.000.000
Fournitures...........	»	»	100.000.000
Dette en cours de liquidation...............	2.303.068.603	»	4.933.757.226
Total........	6.918.618.603	170.668.630	7.677.285.737
Dette extérieure			
Dette de Hollande 5 0/0.	174.000.000	8.700.000	»
Emprunt Laffitte 5 0/0..	300.000.000	15.000.000	»
Lots Laffitte............	»	»	87.000.000
Emp. nation. 1821 6 0/0	103.425.000	6.205.500	»
Emprunt Ardoin, Ouwrard et Cie 5 0/0...........	1.561.010.000	78.050.500	»
Emprunt Bernales et Neveu 5 0/0	291.600.000	14.580.000	»
Total........	2.430.035.000	122.536.000	87.000.000

RÉSUMÉ

Intérieur......	{ Active.........	6.918.618.603	} 14.595.904.340
	{ Passive	7.677.285.737	
Extérieure......	{ Active.........	2.430.035.000	} 2.517.035.000
	{ Passive........	87.000.000	
	Total général...........		17.112.939.340

L'expédition du duc d'Angoulême rétablit, en cette année, le trône de Ferdinand VII. Les emprunts dits des Cortès ne furent pas reconnus par le nouveau gouvernement.

A la date du 4 février 1824, un nouveau règlement des dettes eut lieu, combiné avec la création d'une caisse d'amortissement sur le modèle de celle qui existait, en France, sous la Restauration.

Par décret du mois de mars de la même année, le grand livre actuel de la Dette publique fut créé.

Les emprunts des Cortès furent reconnus par décret autographe de Ferdinand VII, à la date du 21 février 1831.

A partir de 1830 jusqu'en 1835, le service de la dette se fit régulièrement; ce service exigeait une somme annuelle de 50 millions de francs environ.

Tableau de la Dette

Dette au 31 décembre 1833.	DETTE INTÉRIEURE	
	CAPITAUX réaux.	INTÉRÊTS ET amortissement réaux.
1° Dette intérieure 5 0/0, provenant des cinq premières inscriptions du grand livre ; des tirages qui eurent lieu conformément au décret royal du 4 mars 1824 et de la capitalisation des intérêts depuis 1823 jusqu'en 1829. (Décret du 1er mars 1830.)...............	335.812.755	21.870.386
2° Dette 4 0/0, provenant de la conversion du papier-monnaie (4 mars 1831)................................	477.149.887	27.492.743
3° Dette 5 0/0, papier-monnaie flottant ; dette passive. (Décret du 4 mars 1824.).............................	3.724.905.220	8.000.000
4° Dette des substitutions militaires. (Décret du 29 août 1833.)............	22.842.781	1.352.734
Dette extérieure.		
Rente perpétuelle 5 0/0, payable à Paris, provenant de l'emprunt Gueb-bard et des émissions faites à l'ombre dudit emprunt, autorisées par décrets des 18 décembre 1825, 1er juillet, 3 août 1826.........	»	»
Rente 3 0/0 d'Amsterdam créée pour la convertion des anciennes obligations hollandaises. (Décrets de janvier, février et juin 1830.)................	»	»
Rente 3 0/0 et dette passive créée par décret autographe du 21 février 1831, pour la conversion des emprunts dits des Cortès....................	»	»
Rente extérieure, 5 et 3 0/0 provenant des traités des 24 octobre et 30 mai 1828...................	»	»
RESUME		
Dette active........ 138.302.393 Dette passive....... 1.690.007.493	»	»
Total — Réaux........	»	»

Publique en 1833.

DETTE EXTÉRIEURE		TOTAUX	
CAPITAUX — réaux.	INTÉRÊTS et amortissement. — réaux.	CAPITAUX — réaux.	INTÉRÊTS et amortissement. — réaux.
»	»	4.560.710.643	58.715.863
615.290.000	55.982.200		
495.276.000	32.400.000	2.554.207.990	134.045.586
1.098.880.666	26.663.386		
345.751.324	19.000.000		
»	»	1.828.315.886	»
»	»	8.944.234.449	192.761.449

Après la mort de Ferdinand VII, le gouvernement constitutionnel ayant été rétabli, les Cortès furent convoquées, et leurs premiers travaux eurent pour objet l'examen de la situation financière. Bientôt, sous le ministère du comte de Toreno, la loi du 1er novembre 1834 fut promulguée. Cette loi avait pour but la conversion des Dettes espagnoles et tout particulièrement des emprunts dits des Cortès.

Ces emprunts, tels qu'ils sont chiffrés dans le tableau suivant, furent admis aux conditions que nous énonçons plus loin :

	CAPITAL, RÉAUX.
Obligations Guebbard	161.336 000
Rentes 5 0/0, payables à Paris	424.748.000
— — Amsterdam	484.032.000
— — Londres et Amsterdam	637.550.000
Obligations Laffitte 1821	69.924.000
— Emprunt national 1821	23.565 000
— Conversion Ardoin	1.368.180.000
— Campbell Lubbock 1823	230.520.000
— sorties aux tirages de l'emprunt Laffitte	18.656.880
Coupons échus de ces emprunts et non payés	972.168.820
Dette sans intérêt différée de 1831	444.414.000
Total	4.835.094.700

Les conditions de la conversion furent déterminées ainsi qu'il suit :

Les Dettes 5 0/0 furent échangées contre de nouveaux titres 5 0/0 extérieur, moyennant la livraison du 66 2/3 du capital nominal en dette portant intérêt, et du 33 1/3 restant en Dette passive;

Les Dettes 3 0/0 s'échangèrent contre de nouveaux titres 5 0/0, moyennant livraison du 40 0/0 en titres de dettes portant intérêt, et du 20 0/0 en dette passive;

Pour les coupons échus et non payés, et pour les obligations de l'emprunt Laffitte sorties aux tirages, on fit l'échange contre des titres de différée, laquelle devait être convertie en Dette active 5 0/0, en l'espace de 12 ans, par voie de tirages au sort, comme cela eut lieu du reste. Le 1ᵉʳ tirage eut lieu le 16 juin 1838 et les autres eurent également lieu dans les premiers jours de mai des années suivantes.

Cette opération se traduisit par les résultats indiqués dans le tableau suivant :

Il fut émis :

	DETTE ACTIVE CONSOLIDÉE 5 0/0	DETTE PASSIVE CONSOLIDÉE 5 0/0	DETTE DIFFÉRÉE CONSOLIDÉE 5 0/0
	Réaux.	Réaux.	Réaux.
	3.136.272.000	1.194.960.000	1.243.828.000
57 0/0 des valeurs données en échange.	701.752.000	»	»
Reste app. à la conv..	2.434.520.000	1.194.960.000	1.243.828.000

Les valeurs que le Trésor reçut en échange furent évaluées :

DETTE ACTIVE 5 0/0	DETTE PASSIVE 5 0/0	DETTE DIFFÉRÉE 5 0/0
Réaux.	Réaux.	Réaux.
2.533.439.240	995.530.870	912.853.852

Le Trésor eut la libre disposition d'un reliquat représenté par la différence entre l'émission et les titres livrés en échange de la conversion.

Ce reliquat fut :

DETTE ACTIVE 5 0/0	DETTE PASSIVE 5 0/0	DETTE DIFFÉRÉE 5 0/0
Réaux.	Réaux.	Réaux.
401.080.760	199.429.130	330.974.148

Cette conversion des Dettes extérieures est la plus importante qui ait été faite en Espagne. Elle fut conçue et exécutée par M. le comte de Toreno et les hommes éminents qui l'entouraient.

Les circonstances ne permirent pas au comte de Toreno de poursuivre la conversion de la Dette intérieure qu'il avait également préparée.

C'était le moment de la première guerre civile de don Carlos. Au milieu des troubles civils, les gouvernements n'avaient qu'une existence très éphémère. En 1835, le cabinet du comte de Toreno dut céder le pouvoir au ministère Isturiz.

Tableau de la Dette publique en 1840.

	CAPITAUX	INTÉRÊTS	DETTE COURANTE A 5 0/0
Dette intérieure.			
Consolidé 5 0/0.........	1.299.501 022	64.975 051	»
— 4 0/0.........	603.649 699	24.145.988	»
Bons	»	»	410.494.494
Dette courante..........	»	»	187.026.897
— passive..........	»	»	2.614.201.623
Totaux....... Réaux.	1.903.150 721	89.121.039	3.211.723.014
Dette en liquidation			
Certificats.............	»	»	1 032 655.467
Passive..............	»	»	2.823.205.843
	1.903 150.721	89.121.039	7.067 584 324
Dette extérieure.			
5 0/0	3.400.580 000	170.029.000	»
Passive 1834	»	»	1.494 960.000
Différée 1834	»	»	932.892.000
— 1831	»	»	444.414.000
	3.400.580 000	170 029.000	2.572.266 000
Dette provenant des traités.			
A la France...........	278.268 188	16.000 000	»
A l'Angleterre.........	60.000.000	3.000 000	»
Aux États-Unis........	12 000 000	600.000	»
	3.750.848.188	189.629 000	2.572.266.000

RÉSUMÉ

Intérieure....	Active....	1.903.150 721	8.970.735.045
	Passive...	7.067.584.324	
Extérieure...	Active....	3.750.848.188	6.323.114.188
	Passive...	2.572.266.000	
Total général................ Réaux.			15.293.849.233

Coupons en souffrance :

Dette intérieure........................	369.922.655
Dette extérieure........................	699.266.371
Total.................... Réaux.	1.069.189.026

En vertu d'un décret du gouvernement du régent, à la date du 21 janvier 1841, l'on fit, en un consolidé 3 0/0, la capitalisation des coupons en souffrance des 4 et 5 0/0 dont le paiement était suspendu depuis le mois d'octobre 1836. Leur total, comme on peut le voir au tableau, s'élevait à la somme de 1,069,189,026 réaux.

Telle fut l'origine du 3 0/0 extérieur actuel.

Pendant la guerre civile, le Trésor espagnol vécut d'expédients. Leur forme ordinaire était représentée par des contrats de fournitures pour l'armée, ou d'escomptes de traites sur la Havane et même sur Puerto-Rico et les Philippines, et par des émissions de bons du Trésor.

Lorsque l'ordre politique fut rétabli, en 1844, sous le premier ministère du général Nàrvaez, un des premiers soins de ce gouvernement fut de liquider l'arriéré et d'arriver à une consolidation de la dette flottante qui, produit de la guerre civile, pesait d'une poids très lourd sur le Trésor et rendait impossible le libre jeu de la trésorerie.

C'est à ce moment qu'eut lieu la conversion de M. Mon, ministre des finances du premier ministère Narvaez et qui plus tard eut, pendant bien des années, l'honneur de représenter à Paris les derniers gouvernements de la reine Isabelle.

La conversion de M. Mon eut pour bases :

Quant aux contrats d'escompte de traites sur la Havane, l'échange de chaque somme de 350 réaux pour un titre 3 0/0 intérieur nominatif d'un nominal de 1,000 réaux ;

Quant aux fournitures et bons du Trésor, l'échange de 250 réaux nominaux, 3 0/0 intérieur, pour chaque créance de 100 réaux.

Comme résultat de cette conversion, l'émission en 3 0/0 intérieur qui eut lieu s'éleva à une somme de :

2,003,450,000 réaux.

La période comprise entre les années 1844 et 1851 fut tout entière employée à jeter les bases du budget des recettes et à créer l'ensemble d'impôts désignés, à ce moment, sous le nom de système tributaire. L'honneur en revient à la forte initiative de l'illustre maréchal Narvaez, fort bien secondé par les efforts intelligents de M. Mon. C'est ce système tributaire qui, avec quelques légères modifications, est encore aujourd'hui en vigueur.

En 1851, la situation des dettes espagnoles appelait un règlement. Les coupons en souffrance depuis 1830 des 4 et 5 0/0 avaient été consolidés en 1840, mais l'on n'avait pas converti ces anciens fonds et, en outre, le paiement de leurs coupons, à partir de 1840, était toujours en suspens.

Telle fut l'origine du règlement de dettes entrepris en 1851 par le cabinet Bravo Murillo.

Pour opérer ce règlement, deux voies étaient ouvertes. L'on pouvait en effet procéder comme M. Bravo Murillo crut devoir le faire, c'est-à-dire comme le syndic d'une faillite, et, après avoir dressé l'état des dettes, même de celles dont le souvenir se perdait dans l'histoire de l'ancienne monarchie autrichienne, les classifier, en partant de certains principes plus ou moins arbitraires, et les appeler à une liquidation générale dont il était impossible de prévoir la fin, pour les convertir, selon leur nature, en plusieurs genres de dettes ou portant intérêt, ou passives ou différées ; ou l'on pouvait, envisageant la question de haut et à un point de vue exclusivement politique et financier, *stateman like*, comme disent les Anglais, ne reconnaître d'existence légale qu'aux dettes qui, passées au creuset de la raison d'État, fussent pourvues d'un intérêt suffisant d'actualité.

Dans le second cas, il fallait nécessairement abandonner à leur malheureux sort tout le fatras des anciennes dettes, ne s'occuper que de la dette consolidée qui existait à la fin du règne de Ferdinand VII, et la convertir intégralement, sans perte pour les porteurs de titres.

Cette manière de procéder eût sacrifié peut-être de certains intérêts, mais elle eût fondé sur une forte base le crédit de l'Etat.

C'est ainsi, du reste, que l'Angleterre avait agi en 1685. C'est encore par un procédé semblable que la France, dans les premières années du siècle, avait jeté les fortes assises de son crédit.

L'on avait, sous le Consulat, laissé dans l'ombre et la réduction d'intérêts de Henri IV et les deux banqueroutes de Louis XIV (Colbert et Desmarets), et les billets de Law, et la faillite de l'abbé Terray, sous Louis XV, et les 45,000 millions d'assignats, et la création du tiers consolidé du Directoire.

Le règlement de M. Bravo Murillo, il faut en convenir tout en rendant hommage aux rares qualités de cet éminent homme d'Etat, en appelant à la liquidation d'abord, et à la conversion ensuite, l'arche de Noé des dettes anciennes, a ouvert un champ illimité aux lenteurs d'une liquidation sempiternelle, dont la génération actuelle ne verra probablement pas la fin. Cette liquidation, comme l'expérience est là pour le démontrer, pèse d'un poids très lourd sur les budgets, prête au favoritisme et à la corruption administrative, provoque les fraudes et la falsification des titres sur une grande échelle; elle communique à la Dette publique un caractère de variabilité incompatible avec le système budgétaire des gouvernements représentatifs. Quelles que soient les lois de caducité, l'ingéniosité bureaucratique saura toujours les tourner. Ce robinet sera toujours ouvert, à moins que l'on n'ait recours aux grands moyens et qu'en vertu d'une loi l'on ne déclare la clôture de la période de liquidation et du département qui porte ce nom aux bureaux de la direction de la Dette. Sur ce point, l'on ne saurait trop insister. Il y a là comme une tradition néfaste qu'il faut s'empresser d'abolir. Dans l'esprit des ministres des finances espagnols, il y a là comme une confusion qu'il importe de faire disparaître. Naguère encore, un homme aussi éclairé que M. Salaverria et aussi rompu aux pratiques administratives, lorsqu'il présentait son projet de loi en 1876 pour réduire des deux tiers les intérêts de la Dette espagnole, ne craignait pas, s'appuyant sur la loi de 1851, et sur le département de liquidation, d'annoncer aux Chambres une augmentation de deux milliards de francs au capital de la Dette publique, à raison, en grande partie, de la conversion d'un ensemble de vieilles dettes dont le souvenir se perd dans la nuit des temps.

On peut compter, dans la loi de 1851, jusqu'à quarante-six dettes diverses appelées à la conversion.

En voici la nomenclature :

1. Alcabalas ;
2. Reliquats des comptes antérieurs à 1828 ;
3. Biens sécularisés ;
4. Capitalisations de rentes viagères ;
5. Espèces envoyées du Pérou ;
6. Anciens billets hypothécaires ;
7. Droit de cens et généralités d'Aragon ;
8. Droits de l'ordre de Saint-Jean-de-Jérusalem ;
9. Dettes de la couronne ;
10. Dettes de Philippe V et des règnes antérieurs ;
11. Dettes provenant de contrats ;
12. Dettes provenant de traités ;
13. Dépôts constitués à la Grande Trésorerie ;
14. Dépôts judiciaires constitués en papier-monnaie ;
15. Dette active convertie en passive ;
16. Dette du matériel du Trésor ;
17. Dette du personnel du Trésor ;
18. Vente de propriétés ;

19. Cautionnements ;
20. Emoluments divers jusqu'en 1828 ;
21. Impositions 3 0/0 sur le revenu des tabacs ;
22. Impositions à la Caisse de consolidation ;
23. Indemnités aux corporations civiles pour l'aliénation de leurs biens ;
24. Indifférente ;
25. Indemnités pour la guerre civile ;
26. Pensions de la couronne,
27. Traites tirées par la Trésorerie ;
28. Liquidations pour comptes anciens ;
29. Obligations d'Etat (chemins de fer) ;
30. Œuvre Pie ;
31. Offres et charges de la couronne ;
32. Participations des dîmes ;
33. Echange de biens avec le clergé ;
34. Prises de navires anglais avant 1808 ;
35. Prises de négriers ;
36. Prêts de moderne avarie ;
37. Prêts et emprunts ;
38. Récompenses ;
39. Sels et tabacs confisqués ;
40. Fournitures faites par des particuliers ;
41. Fournitures faites par des communes ;
42. Papier-monnaie ;
43. Majorats ;
44. Rentes viagères ;
45. Rentes sur les fonds des fortifications de Cadix ;
46. 5 0/0 des intérêts des dettes du 4 et du 5 0/0.

L'on peut se faire une idée de la confusion introduite par cette loi.

Les opérations de la conversion, commencées en 1851, sont bien loin, à l'heure qu'il est, d'être terminées.

Voici un état qui démontre le mouvement et le travail du

département de liquidation, à la direction de la Dette, depuis le 1er jusqu'au 31 juillet 1871 :

RÉCLAMATIONS en cours le 30 juin 1871.	RÉCLAMATIONS qui ont été déposées en juillet.	TOTAL	RÉCLAMATIONS expédiées en juillet 1871.	RÉCLAMATIONS en cours au 31 juillet.	RÉCLAMATIONS soumises à examen.
130.985	2.255	133.240	416	86.069	46.755

Il est facile de voir que ce département n'a dû être qu'un *mare magnum*.

La dette publique, en 1851, était représentée par le tableau suivant :

Tableau de la Dette publique en 1851.

	CAPITAUX DE LA DETTE CONSOLIDÉE	RENTES	DETTES SANS INTÉRÊT
Dette intérieure.			
3 0/0................	2.297.108.883	68.913 260	»
4 0/0................	624.597 865	24.983.914	»
5 0/0................	1.004 747.877	50.237.393	»
Participations des dîmes.	53 034.633	»	»
Rentes non payées......	»	»	24.218.674
Saint-Jean-de-Jérusalem.	»	»	3 218.964
5 0/0 papier..........	»	»	627.922.428
Papier-monnaie........	»	»	339.245.932
Dette provisoire........	»	»	1.256.870 953
	3.979.489.259	144.134.575	2.251.507.053
Dette en cours d'émission.			
Dette 5 0/0 (papier).....	»	»	406.405
Dette provisoire........	»	»	13.862 367
Dette sans intérêt.	»	»	3.714.413
Dette en liquidation.			
Dette 5 0/0 papier.......	»	»	214.533.598
Dette provisoire	»	»	591.137.632
Dette passive.	»	»	920.581 292
			3.995.742 763
Dette extérieure.			
Dette 3 0/0...........	621.371.512	18.641.145	»
Dette 5 0/0...........	3.065 568.000	153.278.000	»
Dette passive.	»	»	1.038.408.600
Pour les réclamations :			
Du Trésor français......	278.268 123	16.000.000	»
Du Trésor anglais.......	60 000.000	3.000.000	»
Des États-Unis........	12 000.000	600.000	»
	4.037.207.636	191.519 545	1.038.408.000

Coupons échus et non payés jusqu'en 1850.....	2.403.392.997
	521.784.569
	2.925.177.566

RÉSUMÉ

Intérieure ...	{ Active ... 3.979.489.259 { Passive.. 3.995.742.763	}	7.975 232 023
Extérieure...	{ Active ... 4.037.207.636 { Passive.. 1.038.408.000	}	5.075.615.636
Coupons en souffrance......................			2.925.177.566
Total général...............(réaux)			15.976.025.225

L'article 2 de la loi du règlement des dettes (1er août 1851) prescrivait que les coupons en souffrance des anciens consolidés 4 et 5 0/0 fussent convertis en dette différée, mais en les réduisant d'une moitié. L'article 16 déclarait que la dette passive ne passerait jamais à l'état de dette active ni de dette différée, mais qu'elle serait amortie avec des fonds ayant cette destination spéciale.

Ces deux articles donnèrent lieu à des réclamations incessantes de la part des comités de Londres et de Paris connus sous les noms de comités des certificats et des passives. Les lois du 30 juin 1866, 11 juillet 1867 et 18 avril 1868 mirent fin à ces difficultés par la conversion en 3 0/0 extérieur des dettes passives de première et seconde classes et des dettes différées de 1851. Cette conversion, désignée sous le nom de conversion Barzanallana, du nom du ministre qui en fut l'auteur, établit une *soulte* en argent qui était calculée, pour l'ensemble, à une somme de cent millions de francs.

Cette conversion est la dernière qui ait été faite par l'Espagne.

En résumé, les conversions espagnoles, on le voit, ont été nombreuses. Leur caractère a toujours été le même : celui d'un règlement de dettes sur un modèle presque toujours uniforme, se traduisant par des réductions d'intérêts et de capital et donnant lieu, dans la plupart des cas, à des émissions de dettes portant intérêt, de dettes différées et de dettes passives.

Par l'effet des diverses émissions, dont on peut voir le détail au tableau n° 5, et des conversions issues de la loi de 1851, ainsi que des lois dites de « Desamortizacion » (vente des biens nationaux) 1858-1859, et de la loi des subventions aux chemins de fer (22 mai 1859), le total de la dette, à la fin du règne d'Isabelle II, s'élevait à la somme de 5.755.978.992 fr., portant un service d'intérêt de 158.693.456 fr.

Tableau de la Dette publique à la fin du règne d'Isabelle II (1868).

	CAPITAUX (Réaux)		INTÉRÊTS ET AMORTISSEMENT (Réaux)
Dette extérieure.			
Dette consolidée 5 0/0 au nom des États-Unis	12.000.000	»	600.000
Dette consolidée 3 0/0 extérieur	3.074.322.000	»	92.220.000
Dette consolidée 5 0/0 réclamations anglaises	10.000	»	»
Différée 3 0/0 extérieur	2.928.192.000	»	66.073.020
Amortissable 2° classe extérieure	15.056.000	»	»
	5.399.580.000	»	158 902.680
Dette intérieure.			
Dette consolidée 3 0/0	6.060.587.500	41	181 817.625
— — pour nantissement	2.442.578.000	»	»
Dette consolidée au nom des corporations civiles	1.159.575.936	52	35 787.278
Dette consolidée au nom du clergé	1.407.016.991	11	42.210.509
Dette consolidée au nom du roi de Danemark	13.000.000	»	»
Dette consolidée 3 0/0 (intérieure)	2.598.312.703	34	74.701.490
Actions de routes 6 0/0	117.786.000	»	16 005.160
— sorties aux tirages	5.173.000	»	»
— des chemins de fer (anciennes)	7.000	»	»
— des travaux publics	62.916.000	»	5.064.960
— sorties aux tirages	476.000	»	»
Obligations des chemins de fer 6 0/0	1.487.000.000	»	104.301.800
— sorties aux tirages	16.342.000	»	»
Actions du canal de Lozoya	4.369.000	»	3.649.520
— sorties aux tirages	3.084.000	»	»
Dette passive de 1re classe	24.046.488	81	»
— — de 2° classe	40.708.845	29	»
Dette du matériel du Trésor	2 760.100	»	332.803
Dette du personnel du Trésor	372.825.190	»	12.000.000
	21.218.144.755	48	634.773.825
Dettes en cours de conversion.			
Convertissables en consolidée (loi de 1851)	770.091.637	63	»
Convertissables en différée	294.124.101	14	»
	22.282.270.493	25	634.773.825
Dettes en cours de liquidation.			
Cette dette s'élève en sept. 1868 à	741.645.476	64	»
Total de la dette publique en septembre 1868 .... Réaux	23.023.915.969	89	634.773.825

Depuis, la dette publique espagnole a augmenté dans des proportions considérables.

Elle peut être calculée aujourd'hui à un minimum de 10 milliards.

Elle a plus que doublé depuis la fin du règne d'Isabelle II, dans une période de 13 ans. Elle exige un service d'intérêts s'élevant à la somme de 360 millions de francs.

LE DÉFICIT

La Dette espagnole, à la date du 31 décembre 1855, s'élevait à la somme de :

3,192 millions de francs (CAPITAL NOMINAL).

Les émissions de 3 0/0, intérieur et extérieur, destinées à combler le déficit des budgets, depuis 1856 jusqu'à 1876, représentent un capital nominal de 3,150 millions de francs.

En additionnant ces deux sommes, l'on arrive à un total de 6,432 millions de francs.

Or, M. Salaverria, dans son rapport à la date du 29 février 1876, évalue le total de la dette, à cette époque, à la somme de dix milliards de francs.

La différence de quatre milliards environ représente les émissions occultes faites pendant cette période, en vertu des lois du règlement des dettes de 1851 et des lois de « desamortizacion » (vente des biens nationaux) de 1858 et 1859.

La vente des biens nationaux, telle qu'elle se pratique, n'est en effet qu'un mode d'emprunt en 3 0/0 intérieur.

Voici comment l'on procède :

L'administration des biens nationaux vend, par exemple, une propriété sise à Madrid et appartenant à sa municipalité, dont le prix aux enchères s'élève à la somme de 1,018,750 francs.

Il en résulte une créance, dont l'Etat est titulaire, diviséc en treize échéances de 72,767 francs. La première échéance se paye au comptant.

En exécution de la loi de 1859, la direction de la Dette, au fur et à mesure des échéances, expédie des inscriptions 3 0/0, inaliénables et nominatives, à l'ordre de la municipalité de Madrid, jusqu'à concurrence du 80 0/0 du prix obtenu aux enchères. Si l'on suppose que le prix moyen, coté à la Bourse de Madrid, pour l'ensemble des treize échéances, soit le cours de 40, l'on aura livré à ce cours l'ensemble des inscriptions : la direction de la dette aura donc livré, à la fin des quatorze années, une série d'inscriptions qui, additionnées, feront une somme de 2,037,500 fr. (capital nominal) en 3 0/0 intérieur.

Elle aura reçu :

La première échéance au comptant et les treize qui restent en billets à son ordre : en tout, 1,018,750 francs.

Mais, pour convertir immédiatement en argent les treize billets à ordre, le ministre des finances a recours à l'émission d'un papier gagé par ces billets à ordre et connu sous le nom, quelque peu fantaisiste dans l'espèce, de bons du Trésor.

Le prix de la propriété vendue 1,018,750 francs permet d'émettre 1,250 bons remboursables en vingt ans par annuités égales, du moins quant à l'amortissement. Le ministre des finances émettra donc 1,250 bons d'une valeur nominale de 500 francs chaque. En supposant qu'il puisse les négocier au prix de 350 fr. 85 cent. (la plupart ont été négociés à des cours plus bas), ces 1,250 bons produiront une somme de 437,607 francs.

Il aura reçu, il est vrai, en outre, la somme de 72,767 fr. au comptant; mais la première annuité, par l'effet de l'amortissement égal, ou à intérêt simple, s'élèvera à la somme de 68,750 francs. L'on voit qu'il n'y a pas à en tenir compte.

De sorte que le résultat final de l'opération est que le

Trésor aura reçu 437,607 francs, moyennant la création d'une rente perpétuelle de 61,125 francs en 3 0/0 intérieur. En un mot, l'Etat aura fait un emprunt en 3 0/0 intérieur, au cours de 21 fr. 42 cent., au même instant où le cours coté était 40.

Pour arriver à un si beau résultat, ce n'était guère la peine, il faut en convenir, de prendre le détour d'une vente de bien nationaux ni d'une émission de bons. N'eût-il pas été plus simple et bien moins onéreux de vendre du 3 0/0 au cours ?

Cette opération qui, depuis 1864, s'est poursuivie constamment sur une grande échelle, a été à la fois et l'une des principales causes du déficit et l'une des causes de l'inexplicable augmentation de la dette publique dont le total a doublé dans une période de treize années.

La première émission de ce genre fut faite en 1864 par M. Salaverria, pour un capital nominal de 350 millions de francs.

Les billets émis reçurent le nom de billets hypothécaires, parce que, à la différence des émissions postérieures connues sous le nom de bons du Trésor, celle-là était, dit-on, gagée par des billets à ordre, c'est-à-dire par des biens vendus, tandis que les bons dits du Trésor ne l'ont été que par des biens à vendre, c'est-à-dire par des billets à ordre à créer.

Depuis, il y en a eu plusieurs autres pour des sommes très importantes. A l'heure qu'il est, elles ont presque toutes été amorties, excepté la dernière, d'un nominal de 500 millions de francs, émise en 1879, et qui fait partie des dettes amortissables dont il a été souvent question dans ces derniers mois.

En faisant l'analyse des déficits, dans la période comprise entre 1864 et 1879, l'on trouve que si le gouvernement espagnol avait purement et simplement cherché, dans des émissions de 3 0/0, l'aliment de ses emprunts, dépenses

et recettes étant celles que l'on connaît, et qu'il eût appli-
qué les billets à ordre des biens nationaux à doter une
caisse d'amortissement qui, au fur et à mesure de leurs
échéances, les eût, par ministère d'agent de change,
employés à intérêt composé en achats, sur le marché, de
3 0/0 intérieur et extérieur, la dette publique, depuis 1864
jusqu'à aujourd'hui, n'eût presque pas subi d'augmentation.

Dans la période comprise entre 1864 et 1872, tandis que
les ministres des finances faisaient des émissions de 3 0/0
dont le cours moyen ne dépasse pas le taux de 30, et
cela pour un nominal de 750 millions de francs, l'on
amortissait pour une somme de 627 millions effec-
tifs de dettes hypothécaires et bons du Trésor, au pair,
c'est-à-dire que l'on achetait pour 627 millions de francs
de 3 0/0 à 50. Les billets hypothécaires et les bons du
Trésor ont été, on le sait, émis en 6 0/0.

Le décret de M. Mendizabal, daté du 21 février 1836,
qui peut être considéré comme la loi organique de la
« desamortizacion », avait cependant, dans son article 20,
tracé la marche à suivre.

« Leur produit, dit le décret, sera amorti, pour un
« tiers du moins, en achats, par ministère d'agents de
« change, de titres de la dette consolidée du 4 et 5 0/0 et
« des dettes sans intérêt qui, liquidées et reconnues,
« n'auraient pas encore été consolidées. »

Et si cela était vrai à l'époque de M. Mendizabal, en
1836, c'est encore bien plus vrai maintenant. En 1836, en
effet, il ne s'agissait que du produit des ventes des biens
du clergé, lesquelles n'entraînaient aucune indemnité dont
l'Etat fût redevable, tandis que les ventes qui ont eu lieu,
depuis 1859, ont été des ventes de biens appartenant à des
communes, à des municipalités, à des universités et à des
établissements de bienfaisance qui se traduisent par une
émission de 3 0/0 intérieur, pour le 80 0/0 du prix obtenu

aux enchères, afin d'en opérer le transfert au nom des corporations qui étaient les propriétaires des biens vendus.

Telles sont les deux causes principales du déficit et de l'augmentation de la Dette publique espagnole qui semblent résulter d'une étude attentive et tout à fait impartiale, sans aucun parti pris, des procédés et des actes financiers du gouvernement espagnol. En les déterminant avec la précision qui nous est imposée par la rapidité de ce travail, notre intention n'est pas de déverser le moindre blâme sur des hommes qui ont eu à diriger dans des circonstances difficiles les finances de leur pays. Notre but est tout autre. Nous voudrions qu'au moment où, soit par le moyen d'une conversion, soit par le moyen d'un nouveau règlement des dettes, il semble qu'une novation quelconque soit à la veille d'intervenir, il fût pris bonne note de certaines erreurs évidentes du passé afin de les éviter dans l'avenir.

L'exécution de la loi Bravo Murillo de 1851 finirait par absorber toutes les ressources du budget si l'on n'y prenait garde.

L'on peut calculer à une somme très considérable, bien qu'inconnue, les créances présentées à la liquidation qui échappent encore aux lois de caducité. Quant à l'opération des ventes de biens nationaux, on est, il est vrai, arrivé à peu près à la fin. Pas n'est besoin d'insister pour prouver combien le mode mis en pratique a été regrettable. Il était indispensable de l'indiquer dans ce travail, ne fût-ce que pour pouvoir assigner au déficit l'une de ses vraies causes.

Une cause du déficit qu'il n'est guère possible de passer sous silence, c'est l'administration financière.

Il ne peut s'agir ici à ce point de vue que de l'organisation administrative elle-même, laissant à l'écart toute question qui aurait trait au personnel de l'administration.

Dans les pays régis par des institutions représentatives,

l'administration financière doit forcément adapter son organisation à de certaines conditions de contrôle budgétaire. Mais il a toujours été reconnu que le vrai moyen de créer et d'assurer, dans les sphères administratives, un vrai contrôle, c'était de commencer par rendre vrai et sérieux le contrôle exercé par les Chambres. Pour cela il faut non seulement que les budgets soient sincères, en ce sens que les chiffres qui y figurent ne soient pas des chiffres de fantaisie, mais encore que les Chambres appelées à en faire l'étude puissent disposer de tous les éléments qui en rendent la vérification sérieuse et facile et hors de tout conteste.

Ces éléments font complètement défaut aux Chambres espagnoles. On ne leur soumet ni les comptes des Ministres, comme cela se pratique en France, ni le projet de loi de liquidation définitive de l'exercice antérieur, ni aucune donnée précise appuyée de preuves. Il existe, à un autre point de vue, d'autres lacunes. Il y a entre les fonctions d'ordonnateur et de comptable une confusion déplorable. L'on étend aux ordonnateurs la juridiction de la cour des comptes afin de rendre leur responsabilité complètement illusoire, et l'on considère comme ordonnateur le directeur du Trésor, bien qu'il soit comptable. La cour des comptes n'existe que pour la forme. Son travail est des plus lents. Elle juge des comptes arriérés de dix ou douze ans sur l'exercice courant. Le contrôle central du Trésor, le contrôle des régies, qui rendent en France de si grands services et qui sont la roue principale de l'administration financière, n'existent point en Espagne à l'état de contrôle spécial. Ils sont englobés dans ce qu'on appelle le contrôle général de l'Etat, qui est une administration purement formaliste et dont les actes sont complètement dénués d'efficacité et de sanction. Il est bien évident d'ailleurs que tout contrôle, pour être sérieux, doit être spécial. Enfin, l'inspection laisse énormément à désirer. Son fonctionnement n'est pas régulier et elle n'a pas toujours toute la compétence indiscutable que l'on serait en droit d'exiger. Elle ne s'exerce d'ailleurs que dans des occasions exceptionnelles et point sur les communes, sur les municipalités, ni sur certaines administrations, comme par exemple celles de la guerre et de la marine.

Nous ne pouvons, dans ce travail, nous étendre sur les défauts du mécanisme administratif espagnol. Nous en avons dit assez pour indiquer ses défectuosités les plus en vue.

Les vraies bases de tout système d'administration financière sont en petit nombre et d'une grande simplicité : démarcation bien établie entre les fonctions d'ordonnateur et celles de comptable, contrôle sévère et simultané des ordonnateurs, inspection incessante des comptables, responsabilité des ordonnateurs dans l'échelle hiérarchique s'élevant jusqu'aux ministres, qui eux sont responsables devant les Chambres ; responsabilités des comptables par devant une cour des comptes. Toutes ces bases font défaut dans l'administration espagnole. Les fonctions des ordonnateurs et des comptables ne sont pas suffisamment distinctes. L'ordonnateur n'est pas contrôlé d'une façon réelle et pratique.

Le comptable n'est pas soumis à une inspection éclairée, régulière et incessante. La responsabilité de l'ordonnateur est illusoire. Celle des comptables n'est qu'un mythe. Les arrêts de la cour des comptes arrivent en retard de huit à dix ans en moyenne.

Si l'administration financière espagnole était rectifiée, — comme l'on pourrait le faire aisément, — l'on obtiendrait une augmentation dans les recettes de 200 millions de francs au minimum.

Pour nous résumer sur les vraies sources du déficit, nous croyons que les plus importantes, que celles qui exigent le plus d'attention, sont au nombre de trois, à savoir :

1° Les émissions occultes, faites en exécution de la loi Bravo Murillo, dite loi de règlement des dettes (1851), et des lois des ventes des biens nationaux (1858-1859);

2° Les difficultés qu'éprouvent les Chambres à exercer un contrôle dont on ne leur fournit pas les éléments indispensables ;

3° Le mécanisme de l'administration financière, mal agencée quant au contrôle et quant à l'inspection, et dont les fonctionnaires n'ont pas de responsabilités suffisamment définies.

Les fonctions d'ordonnateur et de comptable sans démarcation assez tranchée ; les ordonnateurs sans contrôle actif de leurs actes ; les comptables sans inspection ; la Cour des comptes n'apportant pas une sanction assez prompte ni assez efficace ; les Cortès n'ayant pas les éléments nécessaires pour rendre réelle la responsabilité des ordonnateurs, c'est-à-dire des ministres qui, dans les gouvernements constitutionnels, sont les grands ordonnateurs, comme la loi de comptabilité espagnole le reconnaît elle-même dans son article 48 : telles sont les causes principales du déficit des budgets. Un ministre des finances habile en trouverait certainement bien d'autres. Il lui suffirait de porter la lumière dans certaines cavernosités administratives et budgétaires.

La comptabilité militaire, la comptabilité maritime sont à reviser et à réorganiser de fond en comble. Dans les magasins militaires et dans les arsenaux, la comptabilité (matière) n'existe pas ; elle est à créer. Elle n'existe pas davantage dans les régies. Le contrôle, l'inspection, la comptabilité (matière) élèveraient rapidement les recettes. Les systèmes de répartition de l'impôt direct, les octrois et les impôts de consommation, aux mains des municipalités, centre aujourd'hui des plus scandaleux abus, appellent la main énergique d'un réformateur qui nettoye sans pitié ces écuries d'Augias.

LA CONVERSION

La Dette espagnole, telle qu'elle est classifiée au budget, se devise en deux catégories, à savoir :

1° LA DETTE DE L'ETAT.
2° LA DETTE DU TRÉSOR.

Cette classification est purement arbitraire, car les dettes qui sont comprises dans la deuxième catégorie sont, tout aussi bien que celles comprises dans la première, des dettes consolidées qui n'ont pas de caractère flottant. En réalité, elles ne diffèrent entre elles que par le mode de consolidation qui leur est propre. La dette de l'Etat se compose de consolidés à rente perpétuelle, et dépourvus de gages, et de dettes amortissables non gagées, tandis que la dette du Trésor est composée en totalité de dettes consolidées à annuités fixes (excepté les bons du Trésor dont l'annuité est variable), et gagées soit par des billets à ordre d'acheteurs de biens nationaux, soit par des revenus déterminés pris sur l'impôt direct ou sur l'impôt des douanes.

Par cette classification, le gouvernement espagnol veut évidemment signifier que les dettes comprises sous la dénomination de dettes du Trésor sont des dettes privilégiées et dont le payement s'impose parce que le Trésor est une maison de banque que l'on ne peut laisser tomber en faillite. Quant à celles comprises sous la dénomination de dette de l'Etat, on peut, à ce qu'il paraît, se diriger d'après d'autres principes.

Les deux dettes, dans le dernier budget, se chiffrent ainsi :

Dette de l'Etat.................	143.585.783
Dette du Trésor...............	148.068.510
	291.654.293

A cette somme il convient d'ajouter :

1° Pour les indemnités appelées redevances de justice.......	2.729.326
2° Pensions civiles et militaires..	43.409.427
	337.793.046

Le service total de la dette, y compris même celui de la dette flottante, porté dans un des chapitres du budget pour 7.500,000 fr. (ce qui est bien maigre pour une dette flottante d'un minimum de 200 millions), exige donc, d'après le budget en cours d'exercice, une somme de

337.793.046 francs.

Dans cette somme le 3 0/0 (extérieur et intérieur), qui est incontestablement le vrai signe du crédit national, ne figure que pour 79.431.388.

La différence jusqu'à compléter la somme de 143.585.783, qui représente la dette de l'Etat, est absorbée par le service des intérêts et de l'amortissement de certaines dettes non gagées, à savoir :

Actions de routes;

Actions des travaux publics;

Obligations des chemins de fer;

Billets de la dette du matériel du Trésor ;

Billets de la dette du personnel du Trésor ;

Deux pour cent (extérieur et intérieur).

Ainsi, sur un service de 337.793.046 fr., le 3.0/0 (extérieur et intérieur), dont le capital nominal est de huit milliards de francs et qui représente, sur les marchés européens, le vrai crédit de l'Espagne, le 3 0/0, n'obtient qu'une somme de 79 millions de francs.

Le reste est absorbé ou par des dettes gagées, qui sont la négation du crédit, ou par des obligations secondaires, telles que les pensions civiles et militaires de tout ordre.

Ces dernières sont évidemment secondaires lorsqu'on compare leur utilité à celle que le 3 0/0 représente.

Les tableaux suivants donnent le détail du service des diverses dettes ainsi que le capital nominal de la Dette espagnole au 31 décembre 1881 :

Service de l'intérêt et de l'amortissement de la Dette publique.

BUDGET EN COURS D'EXERCICE

TROISIÈME SECTION. — PREMIÈRE PARTIE

Dette de l'Etat.

Intérêts de la Dette des États-Unis (pour ordre)............Fr.	......
1/3 des intérêts du 3 0/0 extérieur........	41.139.070
— — — intérieur.....	32.632.491
— — — aux Communes...................	5.669.827
Amortissements de résidus...........................	50.000
	79.480.388

Amortissables.

1/3 des intérêts des actions de Rentes............... .Fr.	218.610
Amortissement —	1.999.000
1/3 des intérêts des actions des Travaux publics..	216 820
Amortissement — — —	920.000
1/3 des intérêts des obligations des Chemins de fer........	12.193.580
Amortissement — —	7.029.975
1/3 des intérêts de la Dette du matériel (Trésor)..........	3.000
Amortissement — — —	62.500
— Personnel du Trésor......................	1.250.000
Intérêts 2 0/0 (Extérieur et Intérieur)..............	15.765.910
Amortissement — —	24.845.000
Total........ .... .Fr.	143.585.783

Dette du Trésor.

Intérêts des bons du Trésor... ....Fr.	19.667.000
Amortissement des bons du Trésor......................	17.944.000
Commission à la Banque d'Espagne.....................	376.110
Obligations Banque et Trésor..........................	70.000.000
Commission Banque d'Espagne.....................	1.220.000
Emprunt Rothschild (Mercure)....................	3.750.000
— Fould.:....................	2.575.000
Valeurs de la Caisse des dépôts........................	3.548.400
Dette flottante......................	7.500.000
Emprunts sur les Douanes espagnoles...................	19.488.000
Total......................Fr.	148.068.510

Résumé.

Dette de l'État...............Fr.	143.585.783
Dette du Trésor.................	148.068.580
Total...........Fr.	291.654.293

Tableau des Dettes espagnoles au 31 décembre 1881.

Dettes gagées......................Fr.	850.000.000
Dettes amortissables non gagées.......	40.000.000
Obligations des Chemins de fer.........	600.000.000
2 0/0, Intérieur et Extérieur...........	700.000.000
3 0/0, — —	7.350.000.000
3 0/0, aux Communes.................	540.000.000
Total............Fr.	10.080.000.000

De ce tableau il résulte que l'amortissement, alors que l'on ne paye au 3 0/0 que le tiers de ses intérêts, absorbe la somme de

122.650.475 francs

A savoir :

Dette extérieure et intérieure 2 0/0	24.845.000
Pour les actions de routes.......	1.999.000
Actions des travaux publics......	520.000
Obligations de chemins de fer....	7.029.975
Billets du matériel du Trésor....	62.500
Billets du personnel du Trésor...	1.250.000
Obligations, Banque et Trésor....	40.000.000
Bons du Trésor...............	27.944.000
Douanes......................	10.000.000
	Fr. 113.650.475
Amortissement 3 0/0............	9.000.000
Total.......Fr.	122.650.475

Injustice sans pareille. Tandis que l'on ne paye que le tiers des intérêts du 3 0/0, alors que l'on paye aux dettes gagées l'intérêt total, l'on ne craint pas de distraire de la masse une somme de cent millions de francs pour la destiner à l'amortissement.

Il semble invraisemblable qu'il y ait un gouvernement qui ne recule pas devant un procédé si peu favorable à son crédit et qu'il y ait des créanciers qui ne réclament pas devant une aussi criante injustice.

Il n'est pas besoin de chercher de savantes combinaisons pour arriver à la conclusion que voici : que rien ne serait plus facile au gouvernement espagnol que de payer intégralement l'intérêt de sa dette. Pour cela, il lui suffirait de s'inspirer des besoins impérieux de son credit et des idées de justice les plus élémentaires.

Prenant comme point de départ le chiffre actuel du service de la dette, c'est-à-dire la somme de

337.793.046 francs,

il est incontestable :

1° Que l'on pourrait, moyennant la conversion des dettes gagées en un consolidé à rente perpétuelle, supprimer la totalité de l'amortissement de

122.650.475 francs.

2° Qu'à la rigueur l'on pourrait faire une capitalisation forcée des pensions civiles et militaires par leur réduction en rentes perpétuelles pour obtenir, sur le service actuel, une diminution minima de moitié, ou soit de la somme de

22.000.000 de francs.

En additionnant ces deux sommes, l'on a 144.650.475 francs.

Or, les deux tiers d'intérêts en souffrance du 3 0/0

(intérieur et extérieur) se chiffrent par une somme *maxima* de :

160.000.000 de francs.

Le gouvernement espagnol pourrait donc payer intégralement les intérêts de sa dette en augmentant de seize millions environ son service actuel et en faisant au préalable la conversion et la capitalisation qui viennent d'être indiquées.

Ce n'est pas sans intention que nous posons la question dans des termes aussi simples et en dehors, on le voit, de tout artifice de conversion qu'à la rigueur il ne nous serait peut-être pas impossible d'imaginer.

Mais ces termes sont saisissants dans leur simplicité parce qu'ils sont vrais.

Oui, le gouvernement espagnol peut payer l'intérêt intégral de sa dette, à condition de pouvoir convertir en rente perpétuelle non gagée sa dette actuelle amortissable et gagée. En vain l'on argumente du déficit actuel des budgets qui, selon les uns, s'élève à 50 millions de francs par an, et à 100 millions selon les autres. La conversion qui vient d'être indiquée n'augmenterait ce déficit, quel qu'il soit, que dans des proportions relativement minimes. Ce n'est pas parce que la dette espagnole sera représentée par des rentes perpétuelles plutôt que par des annuités que le déficit sera plus ou moins grand, et ce n'est pas la représentation de la dette espagnole par des titres gagés qui fera disparaître le déficit. Le déficit ne disparaîtra que par les réformes administratives, par les réformes judiciaires, par l'affermissement de l'ordre politique, par la force croissante de la puissance publique, par l'accroissement de la richesse générale.

Le moyen de le faire disparaître n'est certes pas de commencer par anéantir le crédit de l'Etat en portant une main téméraire sur des engagements sacrés. Le moyen de le faire disparaître n'est pas de perpétuer l'existence des dettes gagées, négation du crédit, au détriment des droits des porteurs du 3 0/0 qui, comme nous le disions plus haut, représente le vrai signe du crédit national. Et si, pour ne pas payer l'intégralité des intérêts, il pouvait suffire d'argumenter du déficit des budgets, il n'y a aucune nation en Europe, peut-être même pas l'Angleterre, qui ne fût en suspension de payement. En regardant à travers le treillage des chiffres plus ou moins artificiels des budgets, l'on s'aperçoit bien vite que tous les budgets de l'Europe, malgré certaines plus-values de recettes, sont en déficit, et en déficit relativement bien plus fort que celui de l'Espagne. Qu'est-ce que ce déficit comparé à celui de l'Autriche, à celui de la Russie, à celui de l'Italie? Et aucune de ces nations ne se trouve, comme l'Espagne, dans une période de progression incessante de forces productives et de richesse publique.

Ces considérations et bien d'autres que l'on pourrait ajouter ont dû certainement se présenter à l'esprit de plusieurs membres du cabinet espagnol.

Pourquoi alors le ministère Sagasta ne paraît-il pas disposé à en tenir compte? Pourquoi ce projet de conversion de M. Camacho qui ne résout rien, qui laisse en suspens les principales difficultés, qui laisse subsister sous une forme nouvelle les dettes gagées, et qui, tout en sacrifiant les intérêts des porteurs du 3 0/0, foule aux pieds, deux fois plutôt qu'une, l'honneur national, — et d'abord en se préparant à ne pas tenir les engagements qui lient l'Espagne aux porteurs de 3 0/0, et ensuite en consentant à laisser subsister, pendant quarante ans encore au lieu de quinze, des hypothèques déshonorantes sur l'impôt foncier et sur les douanes?

Ne dirait-on pas qu'il s'agit de la dette de l'une de ces nations équatoriales chez lesquelles la répudiation précède presque l'émission !

Pourquoi le cabinet du roi Alphonse consent-il des hypothèques qui sont comme une aliénation d'une partie de la souveraineté, comme une aliénation de ce qui est inaliénable et comme un amoindrissement de la nationalité espagnole?

Pour en être arrivé là, il faut des raisons bien puissantes....

Car enfin ce jeune roi porte le poids et l'honneur d'une glorieuse couronne. Il règne sur un peuple dont la vaillance et l'honnêteté commerciale n'ont jamais été mises en doute, et qui, pauvre autrefois, est aujourd'hui devenu riche. L'Espagne est à un moment de son existence économique où son avenir dépend de son crédit. Si ses plaines étaient irriguées, si ses montagnes étaient reboisées, si l'on pouvait tripler ou quadrupler son réseau ferré, si le grand canal d'Aragon pouvait porter dans la Méditerranée les eaux de l'Océan, l'Espagne, avec ses cultures de toutes les zones, inclus celles des tropiques, avec sa grande étendue de côtes, et sa terre fertile, et ses mines, et le génie de ses habitants, ne tarderait pas à s'élever au premier rang des nations.

En 1876, lors du premier cabinet Canovas, au lendemain de la restauration du roi Alphonse, un fait semblable s'est produit, et en apparence tout aussi inexplicable. Pouvait-on s'imaginer que le cabinet Canovas inaugurerait le règne du roi Alphonse par une suspension de payements, et qu'il ne craindrait pas de donner pour point de départ à un nouveau règne l'éphéméride d'une faillite. Dans les idées du public européen, restauration et faillite sont deux mots qui hurlent de se trouver ensemble. D'autre part, si l'on veut bien faire le calcul de ce qui a été payé depuis 1876, à raison de l'intérêt et de l'amortissement de plus de deux milliards et trois cents millions de francs de dettes gagées, créées depuis cette époque, avec un amortissement de cent millions de francs environ, l'on arrivera forcément à çette conclusion, incontestable pour tout financier : c'est que le gouvernement espagnol, pour payer intégralement sa dette, dès 1876, pour épargner à son pays la honte de la faillite d'abord et des emprunts hypothécaires ensuite, n'avait qu'une chose bien simple à faire : payer intégralement le 3 0/0 et chercher dans des émissions de ce fonds l'aliment de son crédit. Au lieu d'emprunter en 6 0/0 à 84 avec hypothèque et amortissement de cent millions, on eût pu tout bonnement emprunter en 3 0/0 consolidé au cours minimum de 50. Par le système qui a été suivi, il est sorti des caisses du Trésor, pour le service de la dette, à bien peu de chose près, une somme d'argent aussi grande que celle qu'il aurait fallu débourser pour payer l'intégralité des intérêts. Il n'y a peut-être pas une différence de 40 millions de francs par an.

Est-il admissible qu'un homme d'Etat de la valeur de M. Canovas eût choisi de préférence un mode d'emprunt et une politique financière aussi contraires aux intérêts les plus élémentaires de son pays? Evidemment non. M. Canovas possède une intelligence tout aussi ouverte aux choses financières qu'aux affaires politiques.

Mais M. Canovas, en 1876, a eu la main forcée par la haute banque de Paris.

Porteurs de Dette flottante et vendeurs à découvert des titres donnés en nantissement par le Trésor espagnol, un grand nombre de banquiers de Paris ne pouvaient, à ce moment, trouver leur salut que dans un mouvement de baisse du 3 0/0 consolidé intérieur et extérieur. Les porteurs de 3 0/0 durent être sacrifiés aux porteurs de Dette flottante.

La convention de 1876 n'a pas eu d'autre cause. Nous le prouverons quand on voudra.

Le cas aujourd'hui n'est pas absolument le même. La puissante maison qui dicte aujourd'hui les termes de la

conversion n'a certes pas vendu du 3 0/0 intérieur ni extérieur. Elle n'a pas besoin d'un mouvement quelconque
dans l'un ni l'autre sens. Nous ne voulons pas chercher
les motifs qui la font agir, mais ce n'est plus un secret
pour personne que, dans l'occasion présente, la maison de
MM. de Rothschild, puisqu'il faut l'appeler par son nom,
force la main du gouvernement espagnol.

Engagé par ses premiers serments, depuis l'époque où
il était directeur du Crédit Weisweiller (de triste et
pénible mémoire pour ses actionnaires), M. Camacho, le
ministre des finances, marche sous la bannière des Rothschild. Pour lui, il aurait pu plus mal choisir.

Pour l'Espagne, il y avait mieux à faire.

L'expérience a démontré d'une manière concluante que
les intérêts de la maison de MM. de Rothschild ne sont
guère compatibles avec les intérêts du Trésor espagnol,
tels qu'ils doivent être compris par tout ministre des
finances qui ait souci du crédit de l'Etat.

Depuis 1834 que datent les rapports de MM. de Rothschild avec le gouvernement espagnol (à l'occasion de la
première affaire d'Almaden), l'on a pu toujours observer
que les vues de cette puissante maison ont, tout au
moins, manqué de la hauteur et de la vaste envergure
dont d'autres banques moins puissantes peut-être, mais
dirigées par des hommes d'une autre trempe, ont, dans
ces dernières années surtout, donné l'exemple. La con-
fiance dans l'avenir du pays, l'exacte appréciation de ses
ressources, le généreux desir de féconder ses forces productives, la noble ambition d'attacher le nom des Rothschild
à la régénération économique de l'Espagne, cette ambition
que possédait à un si haut degré M. Isaac Pereire et qui
s'était si fort emparé de son puissant esprit : tout cela a
manqué à MM. de Rothschild. On a toujours pu constater
que cette maison, malgré sa haute position, paraissait plus

avide de ces petits profits qui s'obtiennent, dans des moments difficiles, sur des gouvernements obérés, qu'elle ne semblait dominée par de fécondes conceptions compatibles avec les grands intérêts du pays.

MM. de Rothschild, aujourd'hui, au moment d'une opération si importante que celle de la conversion espagnole et qui semble être décisive pour le crédit de l'Espagne et pour l'avenir de bien des entreprises créées de l'autre côté des Pyrénées, au lieu de prendre le parti du crédit de l'Etat, ont évidemment pris parti pour les dettes gagées et pour la Banque d'Espagne. MM. de Rothschild agissent comme s'ils n'étaient qu'actionnaires de la Banque d'Espagne. Si la conversion se faisait telle que M. Camacho l'a, d'accord avec MM. de Rothschild, projetée, les actions de la Banque d'Espagne qui ont déjà monté, dans ces derniers mois, de près de mille francs, monteraient de mille francs encore. Si la conversion se fait comme elle doit se faire et comme elle se fera malgré tout cette fois-ci, c'est-à-dire dans l'intérêt des porteurs de 3 0/0 et du crédit de l'Etat, la Banque d'Espagne verra baisser de mille francs le prix de ses actions.

La Banque d'Espagne, en effet, aux termes de son dernier bilan de fin d'année, possède pour cent vingt millions de francs de dettes gagées. L'intérêt et l'amortissement de ces cent vingt millions figurent pour plus du tiers dans les profits du dernier exercice. Si ces dettes étaient converties en 3 0/0, le dividende de la Banque diminuerait de moitié.

Voilà le grand secret de la conversion et des projets de M. Camacho.

Le cabinet de M. Sagasta a initié une lutte avec ces chefs de clan qui aspirent, en Espagne, à la libre manipulation des deniers de la commune et que l'on désigne sous le nom de *Caciques*. Dans cette lutte, les vœux de l'Europe civilisée soutiendront le cabinet espagnol s'il a le courage d'aller jusqu'au bout.

Il en sera de même dans la lutte que M. Sagasta aura à soutenir en faveur du crédit de l'Etat.

Il y a quelqu'un, dans le monde financier, de plus puissant que les Rothschild : c'est tout le monde. C'est en s'appuyant sur tout le monde, c'est-à-dire sur l'opinion publique européenne, que M. Sagasta arrivera à vaincre les difficultés de la conversion. C'est ainsi seulement qu'il réussira à asseoir sur des bases solides le crédit de l'Espagne.

Et quant aux porteurs de 3 0/0, les voilà avertis; c'est à eux de se défendre. Mais qu'ils ne s'illusionnent pas : dès l'instant qu'on aura converti les dettes amortissables en une dette gagée, l'on aura brisé le seul instrument qui pût servir à obtenir le payement intégral.

Pour eux, comme pour le crédit de l'Espagne, l'ennemi, c'est la maison de Rothschild; l'ennemi, c'est la Banque d'Espagne.

Paris. — Impr. Kugelmann, 12, rue Grange-Batelière

PARIS — IMPRIMERIE KUGELMANN

12, rue Grange-Batelière, 12

www.ingramcontent.com/pod-product-compliance
Lightning Source LLC
LaVergne TN
LVHW012101030726
842523LV00002B/642